JN056884

ブックレット新潟大学

アフター・コロナのSDGs
（持続可能な開発目標）と東南アジア

石川　耕三

新潟日報メディアネット

も　く　じ

┃ はじめに ┃

　近年よく聞くようになった言葉「SDGs」とは、*Sustainable Development Goals*という英語の略で、日本語に訳すと「持続可能な開発目標」です（以下では、SDGsと省略して表記します）。2030年までに、持続可能な社会の実現、つまり、今生きている私たちだけでなく、これから生まれてくる人たちにとっても豊かな社会・環境を引き継げるような社会（持続可能な社会）の実現を目指す、世界全体で取り組むべき目標[1]（ゴール goals（以下、ゴールと表記します））を、国連総会（United Nations, General Assembly）において、国連加盟国の全会一致で決めました。それを受け日本でも、政府、自治体、企業、地域社会レベルで、SDGsに基づいた取り組みが、近年進められています。

　しかし、現在はすでに2023年です。つまり、2030年という目標の年まで、あと7年間しかありません。SDGsの特徴は、さまざまな人・グループが、達成度の評価をするところにあります。それらSDGs達成度の評価報告書によると、多くのゴールが、2030年までの達成が難しい状況にあります。2019年、国連のSDGsサミット（首脳会談）は、以後の10年間を「SDGs実現に向けた行動の10年」とし、加盟国に対して、取り組みを加速するように求めました。

　さらに私たちは、2020年初めより、新型コロナ感染症（COVID-19、いわゆる新型コロナウイルス）の感染拡大（パンデミック）の状況下にあります。国連の『SDGs年次進捗報告書[2]』（2020年出版）では、今回のパンデミックがSDGsの全てのゴール達成に対して悪影響を及ぼしており、特に最も貧困あるいは脆弱な人々（女性、子ども、高齢者、障が

い者、移民・難民、インフォーマルセクター労働者、など）に、大きな悪影響を及ぼしていると述べられています。

　アフター・コロナ、つまり今回の危機を克服し、世界全体が回復していくときの方針は、SDGsを参考にした「より良い社会」だと考えられます（より良い回復 building back betterという方針が、国連を中心に検討されています）。パンデミックから回復するとき、脆弱な人々への支援、気候変動、暴力・差別などの他の危機への目配りを忘れず、また気候変動や環境悪化につながる経済活動を抑制しつつ、社会のレジリエンス（強靭さ）を高め、創造的な発展を進めることが重要です。

　また、近年、国際的な気候変動対策において重要な変化が起こったことも見逃せません。2015年に採択された「パリ協定」では、「世界の平均気温の上昇を産業革命以前に比べ2.0℃に抑える」、努力目標として「1.5℃」を目指す、と表明されていました。ところが、2018年10月に気候変動に関する政府間パネル（IPCC、Inter-governmental Panel on Climate Change）が発表したいわゆる『1.5℃特別報告書[3]』を受け（後述）、2021年11月にCOP26においてグラスゴー気候合意が採択され、「1.5℃目標の重要性を認識」するというかたちで格上げされることになりました。今後の世界は、「1.5℃」という高い目標を達成するために、世界のCO_2排出量を2030年までにほぼ半分、2050年頃に実質ゼロ（カーボンニュートラル）にする必要があります。

　SDGsが採択された2015年から現在までの大きな変化をまとめると、

✓　コロナ・パンデミックの影響
　　➤　<u>貧困削減分野の大きな後退。</u>
　　➤　脆弱な人々（女性、子ども、高齢者、障がい者、移民・難民、

インフォーマルセクター労働者、など）の状況悪化。
　　　◇　特に女性の経済・社会状況の悪化。
　　➢　開発途上国の成長鈍化、「中所得国の罠」の悪化。
　　　◇　東南アジア諸国のコロナ・パンデミック対策
　　　◇　「中所得国の罠」を克服するために、東南アジア諸国にも
　　　　求められるグリーン・リカバリー
✓　気候変動対策（SDGsに含まれる）の先鋭化
　　➢　特にヨーロッパ（欧州連合 European Union、EU）の政策が、
　　　世界を主導する潮流。
　　　◇　開発途上国（特に東南アジア諸国）の経済政策に与える
　　　　影響。
となるでしょう。本書では、下線を引いた箇所を中心に論じます[4]。

　本書は、これまでの入門書・紹介書とは異なり、「行動の10年」（2020
〜30年）におけるSDGsに注目し、アフター・コロナを生きる私たちに
とって、SDGsがどのような指針（向かうべき方向）を与えてくれるか、
考えます。また、本書は東南アジア諸国、特にシンガポール、タイ、イ
ンドネシア、マレーシア、フィリピンにおけるこれまでのSDGs達成状
況と、コロナ・パンデミック対策（2020〜22年）を踏まえ、アフター・
コロナを展望します。

第1章 SDGsの概要と貧困削減

1-1 SDGsの概要[5]

　2015年10月21日、国連総会において全会一致で採択された「我々の世界を変革する：持続可能な開発に向けての2030年アジェンダ」[6]という宣言が、いわゆるSDGsです。2030年までに達成したい17のゴール（goals 目標、図1参照）、169のターゲット（targets）から構成され、それらゴールは五つのPに分類できる、と述べられています。

- People（人）：ゴール1〜6
- Prosperity（繁栄・豊かさ）：ゴール7〜11
- Planet（地球）：ゴール12〜15
- Peace（平和）：ゴール16
- Partnership（パートナーシップ）：ゴール17

　この宣言には、目指すべき世界や現在の課題が具体的に描かれ、「我々は、貧困を終わらせることに成功する最初の世代になり得る。同様に、地球を救う機会を持つ最後の世代になるかもしれない」、「人類と地球の未来は我々の手の中にある。そしてまた、それは未来の世代に松明を受け渡す今日の若い世代の手の中にもある」と世界を変える（transform）行動を呼びかけています。貧困分野については後述しますが、ミレニアム開発目標（Millennium Development Goals、MDGs）で「半減」することができた絶対的貧困を「根絶」しよう、という野心的目標が掲げられている点に注目すべきだと思います。さらに、MDGsにおいて正面から取り上げられなかった持続可能性の諸課題を目標にしている点も、重

要です。

図1　SDGsの17のゴール

出所：国際連合広報センター日本支部ホームページ（2022年7月31日アクセス）
https://www.unic.or.jp/activities/economic_social_development/sustainable_
development/2030agenda/sdgs_logo/

　国連総会において加盟国全会一致で採択されたSDGsは、以下のよう
な仕組みをとっています[7]。まず、SDGsにはゴールとターゲットがある
のみ、です。法的な拘束力はなく、目標が達成できなくともペナルティ
はありません。その意味で「目標ベースのガバナンス（governance
thorough goals）」という特徴を持っています。もちろん、他の諸国と
横並びで評価され、進捗が遅いことによるレピュテーションリスク（評
判リスク、reputational risk）が生じることも覚悟しなければなりませ
ん。また、未来の目標を描き、その実現を前提として、現在に遡ってシ

ナリオを描く「バックキャスティング」という特徴があります。その際、まず目標を設定することが大前提です。そうすることで、目標ベースで行動を変え、シナリオを超えたイノベーションを促し、目標を達成することを目指します。

　さらに、SDGsの各ゴールはいくつかのターゲットで構成されており、ターゲットは指標（indicators）で測ります。例えば、SDGsのゴール1（貧困）・「1.1.1」（枝番号）は「国際的な貧困（international poverty）」であり、指標は「1日当たり1.90米ドル未満で生活している人口の割合」です（表1参照）。SDGsの進捗を、このような各指標を用いて定期的に測りながら、加盟国、地方自治体・都市、企業、NGO等の各段階でSDGs進捗度評価を行うことが推奨されています。

　国連総会で承認されたグローバル指標は244指標です（重複を除くと232指標となります）。グローバル指標をローカル指標に読み替えるなど、独自指標を設定しつつ、各レベル・主体で評価が行われています。SDGsの世界レベルでの実施体制は、国連・ハイレベル政治フォーラム（HLPF : High-level Political Forum）が主導しています。そして、各国政府が行うVNR（Voluntary National Review、自発的国家レビュー）は、HLPFにおいて発表されます[8]。

　国連レベルでは毎年、国連事務総長により『持続可能な開発目標報告書（Sustainable Development Goals Report）』[9]が国連に提出されます。国レベルの評価報告はVNRです。近年では、ESG（Environment, Social, Governance）投資への関心の高まりを受け、カーボンニュートラルや広くSDGsへの取り組みを含めた企業の「非財務情報」を開示すべきという動きがあり、情報開示方針・様式の標準化が行われつつあります（後述）。

表 1　SDGs のゴールと指標との対応の例（ゴール 1「貧困」）

SDGs・ゴール 1		
	枝番号	指標（indicator）内容
国際的貧困	1.1.1	1 日1.90ドル未満で暮らしている人口割合、就業率
		［性別、年齢別、雇用形態別就業率］
国内の貧困	1.2.1	各国の貧困線未満で暮らしている人口割合［都市化率］
社会的保護	1.3.1	対象人口のカバー率
		・社会支援プログラム（最貧困層の 5 分の 1）
		・社会保険プログラム（最貧困層の 5 分の 1）
		・失業給付金、・年金、・労働災害
最低限の水および衛生設備へのアクセス	1.4.1	最低限の飲料水および衛生設備の使用人口［都市化率］
災害による死亡／行方不明／被害	1.5.1	災害による死亡／行方不明／直接被害人数（10万人当たり）
災害による経済損失	1.5.2	災害による直接的経済損失（10万ドル）
自然災害リスク軽減（DRR）戦略の適用・執行スコア	1.5.3	仙台フレームワーク指標に基づく国家DRR戦略の適用・執行スコア
地域DRR戦略の適用・執行割合	1.5.4	国家DRR戦略に基づく地域DRR戦略の適用・執行割合
貧困削減に対するODA贈与額（再貧困国LDCs向け）	1.a.1	LDCsにおける貧困削減に対するODA贈与額（対GNI割合）
教育・健康に対する政府支出	1.a.2	政府の総基幹業務支出に占める割合
		・教育、・健康

注 1 ：自然災害リスク軽減（DRR、Disaster Risk Reduction）とは、災害が起こる前に
　　　被害を防ぎかつ最小限にする対策を行うこと。第 3 回国連防災会議（於日本・仙
　　　台、2015年 3 月）で採択された防災のための行動指針が、仙台防災枠組2015-2030
　　　（仙台フレームワーク）である。
注 2 ：ESCAP（国連アジア太平洋経済社会委員会）による、「アジア太平洋地域」を対
　　　象とするSDGs進捗度評価報告書より引用。各レベル・主体による評価はこのよ
　　　うに、グローバル指標をローカル指標に読み替えている。
出所：ESCAP［2022：78］より筆者訳。

　SDGsが、各ゴールが諸ターゲットに分けられ、ターゲットの進捗度が具体的な指標で測られ、その積算がSDGs全体の進捗度として可視化される、という仕組みをもっていることは押さえておくべきだと思います。

1-2　貧困削減の考え方の変遷

MDGsの達成

　MDGsの達成を引き継いだものがSDGsですが、具体的に達成されたものは何だったのでしょうか。SDGsブーム下の日本での情報は、貧困削減というSDGsにおける大事な分野への言及が少ないように思われます。また、最新のSDGs進捗報告（2022年版）では、貧困削減分野における過去4年間の達成が失われたと述べられています[10]。そこで、まずMDGsの達成について整理します。

　1990年から2015年の開発目標が、MDGsです。2000年9月にニューヨークで開催された、国連ミレニアム・サミットで採択された国連ミレニアム宣言を基にまとめられた、開発分野における国際社会共通の目標です。極度の貧困と飢餓の撲滅など，2015年までに達成すべき八つのゴールと17のターゲットを掲げ、達成期限となる2015年までに一定の成果を上げました。具体的なゴールは、

　　ゴール1：極度の貧困と飢餓の撲滅
　　ゴール2：普遍的初等教育の達成
　　ゴール3：ジェンダー平等の推進と女性の地位向上
　　ゴール4：乳幼児死亡率の削減
　　ゴール5：妊産婦の健康改善
　　ゴール6：HIV/エイズ、マラリア、その他疾病の蔓延防止

　ゴール 7 ：環境の持続可能性保持

　ゴール 8 ：開発のためのグローバルなパートナーシップ推進

でした。

　中でも顕著な達成は、貧困・飢餓削減でした。ゴール 1 は三つのター
ゲットから構成されています。2015年の最終報告書によると[11]、 1 日
1.25ドル未満で生活する「極度の貧困」者数は、19億人（1990年）から
8 億3,600万人（2015年）へ、半減しました。また、開発途上国におけ
る栄養不良人口の割合は、23.3％（1990〜92年）から12.9％（2014〜16年）
へと半減しました。他に、1990年から2015年にかけて顕著な成果を上げ
たものは、小学校の就学率の純増加（83％から91％）、 5 歳未満児死亡
率低下（1,000人当たり90人から43人）、妊産婦の死亡率減少（45％減少）、
新規HIV感染低下（2013年までに約40％低下）、でした。

　貧困削減分野で顕著な成果を上げたことを前提に、SDGsが策定され
ました。だが、2015年の段階でも貧困が「根絶」されたとはいえず、特
にサブサハラ・アフリカでの貧困削減は現在でも喫緊の課題です。では
なぜMDGsにおいて貧困削減が進んだかといえば、この時期、中国およ
びインドで急速な経済発展が実現したからです。MDGsゴール 1 ・ター
ゲット 1 の指標は「絶対的貧困者率＝ 1 日1.25ドル（2005年PPP[12]）未
満で生活する人口の割合」であり、これが2015年には15％となると予想
されていました。実際には貧困削減はさらに進み、「 1 日1.90ドル（2011
年PPP）未満」の基準で、2015年には10％となっていました。ちなみに、
この「 1 日1.90ドル未満」という指標は、SDGsに引き継がれています
（表 1 参照）。

貧困をどう測るか

　貧困をなくすこと、貧困削減（緩和）は、第2次大戦後、全世界的に取り組まれてきました。各国・各地域が開発を進めるために、国際社会が協力することを、国際開発といいます。開発とは、人々の生活水準向上や人権擁護を導く、物質的または制度的改善の諸施策です。さらに、開発を進めるための政策・施策を生み出すための分析枠組みとなるのが、開発経済学です。

　第2次大戦後、多くの開発途上国では経済発展が進みましたが、特に、①高齢者、子ども、失業者、少数民族、障がい者というグループ、②紛争地、過疎地、災害多発地域、では貧困や人権侵害がなくなっていません。さらに、今日のように国際化が進むと、③感染症、犯罪、環境汚染、世界経済不況、は国境を越えて人々の生活に影響を及ぼしてしまいます。貧困層は、先進国の人々より多くのリスクに直面しており、それらへの対処能力が弱いのは、開発途上国においては、リスクに対処するための法的・制度的・社会的対処手段が乏しいためです。

　貧困には大きく分けて、二つの概念があります。絶対的貧困（absolute poverty）と相対的貧困（relative poverty）です。前者は、いかなる社会でも妥当と考えられるような必要最低限の生活水準を満たしていないことを意味します。後者は、その社会において妥当と考えられるような必要最低限の生活水準を満たしていないこと（社会の生活様式や経済の発展段階によって異なる）、です。MDGsからSDGsにかけて共通して取り組まれている課題は特に、絶対的貧困です。他にも、慢性的貧困（chronic poverty、長期的・構造的な社会的要因から貧困に陥ること）や、近年の気候変動問題の激化もあり注目されている一時的貧困（transient poverty、災害・凶作など短期的な経済変動によって貧困に

陥ること）などがあります。

　では、生活水準の指標としてなにをとるべきでしょうか。経済学においては、効用（utility）の水準を生活水準の高さと考えます。さらに、効用の高さは消費水準の高さ、と読み替えることができます。消費水準とは、財・サービスの消費量、つまり実質消費量です。実質消費量を購買できる支出額を貧困であるかどうかのしきい値と定め、これを貧困線（poverty line）といいます。つまり前述の「1日1人当たり1.90ドルの支出」が貧困線であり、これ未満の支出の人々を貧困層と捉えます。ちなみに「1.90ドル」とされたのは2015年10月からであり、SDGs開始時より国際的な指標となりました。

　しかし、現実にどのような生活をおくることができているかを知るには、社会指標に目を向けなければなりません。特に、健康や教育などの状況を見る必要があります。そこで、平均寿命、乳児死亡率、教育支出などを、実質消費量と組み合わせて指標化します。

図2　FGT指標（FGT Measure）

- Foster, Greer and Thoebecke (1984)
  - $P_\alpha = \frac{1}{N}\sum_{i=1}^{H}\left(\frac{z-c_i}{z}\right)^\alpha, (\alpha \geq 0)$
    - α=0：Headcount Index（貧困者比率）
    - α=1：Poverty Gap Index（貧困ギャップ比率）
    - α=2：Squared Poverty Gap（二乗貧困ギャップ比率）
  - 貧困者比率、貧困ギャップ比率、二乗貧困ギャップ比率は、上記のFGT指標で、統一的に理解することができる

出所：Foster, Greer and Thoebecke [1984]より筆者作成。

　SDGsにおける貧困指標は、貧困人口比率です。すなわち「貧困人口比率＝$q \div n$（q（貧困線未満で生活している人の数）、n（集団全体の

数))」です。SDGsの貧困線は現在「1日1.90ドル」です。この指標の問題点は、貧困層の生活水準についての情報が反映されないことです。例えば、コロナ・パンデミック以前から貧困線未満で生活し貧困層と特定されていた人が、コロナ下で経済的にさらに困窮したとしても、貧困人口比率は変わりません。SDGs指標にこういった限界があることは、知っておいたほうが良いと思います[13]（図2参照）。

　社会指標を取り入れたものの代表が、人間開発指数（Human Development Index, HDI）です。1990年、国連開発計画（UNDP、United Nations Development Programme）が発表し、基本的な人間の能力がどこまで伸びたかを測るもので、「長寿を全うできる健康的な生活」・「知識」・「人並みの生活水準」の三つの側面の達成度の複合指数です。具体的には、平均寿命、教育水準（予想就学年数と平均就学年数)、国民総所得[14]（1人当たりGNI）を用いて算出します。ジェンダー開発指数（Gender Development Index, GDI）、ジェンダー・エンパワーメント指数（Gender Empowerment Index, GEI）など、開発とジェンダーに注目した指数も開発されています。

開発経済学分野における二つのノーベル経済学賞

　貧困削減分野に、今日に至るまで多大な影響を及ぼしているのが、アマルティア・セン（Amartya Sen）の思想です。上述の、人間開発指数、それに基づき出版される『人間開発報告（Human Development Report)』は、彼の思想から生まれたものと言っても過言ではありません。

　1998年、アマルティア・センは「厚生経済学への貢献 contributions to welfare economics」でノーベル経済学賞を受賞しましたが、具

体的には「分配・公正[15]と貧困・飢餓の研究（Social Choice, Welfare Distributions, and Poverty）」という内容でした[16]。本書では、「貧困・飢餓の研究」を検討します。

　「貧困は潜在能力の欠乏という観点」から理解すべきで、国民の福祉の水準を、所得に基づく古典的な指標ではなく、潜在能力（ケイパビリティ）で測ることが必要と、センは考えました。開発は「人々が享受するさまざまな本質的自由を増大させるプロセス」であり、所得はその一つの手段に過ぎません。また、ケイパビリティ・アプローチとは、人の機能を価値あるものとして実現する「機会」に注目します。機会とは、選択の自由の程度、「ある人が選択しうる全ての機能の組み合わせの情報」を含みます。例えば、所得は高いが病気や身体的ハンディを抱えている人は、所得を良い生活（良い選択状態）に変換する上での困難を抱えている、選択の自由すなわちケイパビリティに制約がある、と考えるのです。

　センの思想は、貧困研究全般はもちろん、ジェンダーと開発（Gender and Development、GAD）、開発課題としての障がい、など今日的開発課題につながる視点をもたらしました。1990年代、女性の地位改善（開発における女性（Women in Development、WID））という視点から、男女両性の問題（GAD）への問題設定の変化があり、現在でも研究が進んでいます。さらに、脆弱な人々（グループ）・女性・高齢者・子ども・先住民族・難民・出稼ぎ労働者と開発、という視点に現在では拡張されています（SDGs報告書でも、常にこの脆弱な人々・グループへの言及があることに注意を払いましょう）。

　他方で、障がいをもつ人々は、脆弱な人々と共通点だけでなく違いがあります。例えば、性別間で生物学的に属性を変更するには大きなコス

トがかかります。また、他のいくつかのグループでは、属性変更の蓋然性が高いと考えられます（例えば、誰でも老いる（高齢者になる）し、誰でもかつては子どもでした）。しかしながら、全ての人は障がい者になる可能性をもっています。だが、非障がい者は、障がい者を自分とは無関係な存在とみなしがちでありました。従って、障がい者の環境を変え（メインストリーミング）、能力強化（エンパワー）によって、開発の担い手に位置付ける志向が、これまで弱かったといえます。新たに障がい者をそれ以外の人たち同様に開発の担い手とし、エンパワーしていく取り組みが、「障がいと開発」アプローチです。「障がいの悲劇的な帰結の多くは、実際には社会の断固とした支援と想像力に富む介入によってかなり克服できる。」開発政策や社会政策によって、障がいの問題の多くが解決可能、とセンは主張しています。この分野のフロンティア（最先端）が「障がいの社会モデル」であり、研究が進んでいます[17]。

　2019年、ノーベル経済学賞を受賞したのが、アビジット・バナジー、エステール・デュフロ、マイケル・クレマーの三人です。近年、ノーベル賞の授賞者・研究紹介を受賞日に行うツイッター・アカウントをノーベル財団が運営しており、非常に参考になります[18]。そこでは、彼らが「『実験的手法』を使い、貧困削減を顕著に前進させたこと」が受賞理由だと説明されています。

　2019年の受賞者らが行った研究は、世界の貧困と戦う力を大きく向上させました。実験に基づく新しいアプローチは、わずか20年の間に開発経済学を一変させ、現在では盛んな研究分野となっています。
世界の貧困と戦うための最良の方法について、信頼できる答えreliable answersを得るための新しいアプローチを導入しました。例

えば、子どもの健康を改善するための最も効果的な介入策など、この問題をより小さく、管理しやすい問題 manageable questionsに分割するのです。
（受賞直後のノーベル賞ツイッターでの、受賞理由説明。筆者訳）

その「実験的手法」は、今日ではランダム化比較実験（RCT、Randomized Controlled Trials）と呼ばれ、盛んに行われています。RCTはもともと医療・創薬分野で行われてきた手法であり、コロナ対策でも、治療薬およびワクチンの有効性を厳密に評価するためには、大規模なRCTを実施すべきことが国際的なコンセンサスになっています。RCTは、プロジェクト対象者と非対象者を無作為（ランダム）に振り分け、プロジェクト以外に統御（コントロール）すべき要因の両者間の差を平均的になくしていくことによって、因果性を検証するものです。これは前述のように、臨床研究で発展していた評価手法（ランダムに「治験群」と「対象群」に分け、前者にのみ新薬を与え、後者に偽薬を渡し、新薬の効果を検証する）です。

国際開発分野では、RCTはプロジェクトの介入効果を最も厳密に測る手法として定着しています。2019年ノーベル経済学賞受賞者の三人は、RCTを多数実施し、真に（効果が量的に測れるという意味において）有効な介入（intervention）を特定することで、貧困削減政策を大きく前進させました。

図3は、RCTの事例を紹介したものです。子どもにマラリアのワクチンを打ち、免疫を獲得させたいという意図で行うプロジェクトです。村々を、くじ引き（lottery）で三つのグループに分けます。第一がなにもしない村（control group）、第二が出張ワクチン接種所（mobile clinic）を設置する村、第三が出張ワクチン接種所だけでなく、ワクチンを打ちに来た人に食べ物（lentils、レンズ豆）をおまけにつける村、です。RCTの結果、第三のグループで顕著に免疫率（接種率）が上がっただけでなく、食べ物というコストが余計にかかっているにもかかわらず、子ども１人当たりのワクチン接種コストが低かった（28ドル）ことが分かりました。つまり、児童のマラリアワクチン接種率向上という目標をより高く達成し、なおかつ、最も低コスト（１人当たり接種単価で測って）であるのが、第三の介入方法であることが、量的に示されました。

図３　RCTの事例（児童のマラリアワクチン接種率向上プロジェクト）

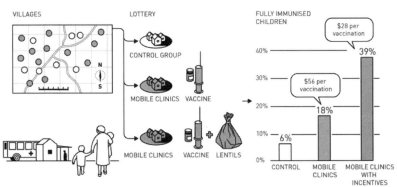

出所：https://twitter.com/nobelprize　（ノーベル賞ツイッター）

　RCTには限界もあります。①医療分野の新薬試験では秘密を守れるが、途上国のRCTでは異なる施策を受けたことを知る事実そのものが行動に影響するかもしれない（嫉妬など）、②施策実行群を実験のルー

ルに従わせるのが難しい（例えば、実験で配布された虫下し薬（寄生虫対策）を他の家計に分け与えないというルールを守らせる、など）、③実施費用が相対的に高い、などです。このように、理想的なRCTを実行するのはなかなか難しいといえます。ですが、その限界を超えて、貧困削減に対して大きな成果を上げてきたからこそ、ノーベル経済学賞を受賞したのです。

　近年では、先進国を対象とした研究において発展してきた行動経済学（behavioral economics）を、途上国の家計を対象とした研究に応用した実験も行われるようになってきました。行動経済学とは、人々の行動の背後にある時間選好、リスク選好、社会的選好等を正確に測るために行われる実験であり、前提には人々の経済行動は合理的ではない、という認識があります。

SDGsにおける貧困削減の意義

　貧困削減（緩和）分野におけるRCTによって明らかになってきた貧困の多面的な側面が、SDGsのゴール 1 から 6 に取り入れられています。特に、子どもが栄養失調に陥ると、健康を害し、教育を受けることが困難になって（まず集中力が低くなり、さらに病気になれば、学校に通うことができません）、長期的に人的資本の蓄積に問題が生じ、貧困から脱却することが困難になります（ゴール 1 に対し、2 、3 、4 は密接に関わっています）。ゴール 6 は「安全な水とトイレ」ですが、貧困地域では下痢で健康を害する子どもが多いのです。ジェンダー平等のゴール 5 についても、前述のようにジェンダーと開発という視点から、とりわけ女性の貧困状況についての研究が深化しています。

　SDGsは、先進国も含めた全世界で取り組むべき目標ということで、

近年では日本国内でも人口に膾炙するようになりました。しかし、MDGsを引き継いだ、貧困削減という課題が最重要であることを強調しておきたいと思います。それはMDGsで半減させた貧困を、2030年までに根絶する、という非常に野心的なゴールです。

　後述のように、2030年までに貧困を根絶するのは難しそうです。とりわけ、2020年からのコロナ・パンデミックにより、絶対的貧困すなわち極度の貧困者が増加し、2020年の人間開発指数は1990年（初めて発表された年）以来、初めて大幅に低下しました。現在、SDGsにおける貧困削減が、再びグローバルな課題としての重要性を増した、と思われます。さらに、極度の貧困層ではなくとも、脆弱な人々への悪影響も増しています。それらの人々の状況を把握し、改善するための施策を立てる上で、SDGsの重要性はますます高まっていると思われるのです。

第2章　コロナ・パンデミックとSDGs

2-1　コロナ・パンデミック

　2022年8月現在のコロナ累積感染者および死亡者を示したのが、表2です。世界全体では、感染者総数は5億8,700万人（10万人当たり7,536人）、死亡者総数は643万人（10万人当たり82.5人）です。WHO地域区分の西太平洋（東・東南・南アジア、オセアニアが含まれる）においては、10万人当たりの死亡者が最も低い（12.8人）ことは特筆すべきです。この表は累積感染者数の多い順で並んでいますが、10万人当たりで比較したほうが良いと思います。また、特に発展途上国では検査体制が整わず、公表された数の数倍は感染者がいる、と報道されています（本書の対象国で、インドネシアでは特にそういった報道が多いです）。よって、10万人当たり死亡者が、コロナ・パンデミックの深刻さを示す指標と捉えることができるでしょう。10万人当たり死亡率で比較すると、最悪のグループがブラジル（320.3人）、アメリカ（309.8人）、イタリア（291.8人）に対し、本書の対象の東南アジア（表では網掛け）では、ベトナム（44.3人）、インドネシア（57.5人）と、低いグループと言ってよいようです。

　世界全体のGDP成長率は、2020年にマイナス3.1％となったあと、2021年には6.1％に回復しました。地域別に見ると、2020年は中国以外のほとんどでマイナス成長であり、2021年に多くの国が回復していますが、回復の度合いに差異があります。2020年の景気後退が大きかった分、先進国特に欧米諸国の経済成長率が高かった一方、新興国は中国・インドの成長率が高まったのに対し、ASEAN-5の成長率（2021年、プラス3.4％）が低いことが目立ちます。

表2　世界の累積感染者および累積死亡者（2022年8月16日時点）

		感染者総数	10万人当たり	死亡者総数	10万人当たり
	世界	587,396,589	7,536.0	6,428,661	82.5
WHO地域区分	ヨーロッパ	244,590,524	26,213.6	2,062,890	221.1
	アメリカ大陸	172,847,252	16,899.8	2,799,862	273.8
	西太平洋	78,124,789	3,976.7	251,429	12.8
	東地中海	59,726,002	2,954.7	793,973	39.3
	アフリカ	9,252,492	824.7	174,121	15.5
累積感染者上位 1	アメリカ	91,435,449	27,623.8	1,025,353	309.8
2	インド	44,268,381	3,207.8	527,069	38.2
3	ブラジル	34,096,935	16,041.1	680,786	320.3
4	フランス	33,210,018	51,061.4	149,585	230.0
5	ドイツ	31,535,337	37,918.2	145,698	175.2
6	イギリス	23,421,278	34,500.9	186,087	274.1
7	イタリア	21,499,531	36,047.9	174,060	291.8
8	韓国	21,418,036	41,775.7	25,673	50.1
9	ロシア	18,907,231	12,956.0	383,178	262.6
10	トルコ	16,295,817	19,321.8	99,678	118.2
11	日本	15,615,251	12,346.4	35,156	27.8
12	スペイン	13,294,139	28,086.6	111,667	235.9
13	ベトナム	11,365,784	11,676.6	43,098	44.3
14	オーストラリア	9,760,150	38,275.3	12,739	50.0
15	アルゼンチン	9,602,534	21,246.5	129,440	286.4
16	オランダ	8,362,564	48,039.8	22,542	129.5
17	イラン	7,475,173	8,899.8	142,944	170.2
18	メキシコ	6,875,708	5,332.8	328,437	254.7
19	インドネシア	6,282,774	2,297.0	157,226	57.5
20	コロンビア	6,278,998	12,340.1	141,075	277.3

出所：WHO Coronavirus（COVID-19）Dashboardより筆者作成。
　　　https://covid19.who.int/、2022年8月16日アクセス。

表3　パンデミック下の経済成長率

	2020年	2021年
全世界	▲ 3.1	6.1
先進国	▲ 4.5	5.2
アメリカ	▲ 3.4	5.7
EU圏	▲ 6.4	5.3
日本	▲ 4.5	1.6
イギリス	▲ 9.3	7.4
カナダ	▲ 5.2	4.6
新興・途上国	▲ 2.0	6.8
中国	2.2	8.1
インド	▲ 6.6	8.9
ASEAN- 5	▲ 3.4	3.4

出所：IMF［2022.7］より筆者作成。
注：ASEAN-5とは、インドネシア、マレーシア、
　　フィリピン、タイ、ベトナム

2-2　コロナを経てSDGsの進捗度はどうなったか

世界全体——国連の『SDGs報告書[19]』

　本報告書では、気候危機、コロナ・パンデミック、世界各地における紛争の増加により、SDGsの17の目標達成が危機に瀕している、と述べられています。また、このような危機が、食料と栄養、健康、教育、環境、平和と安全に波及的に影響し、SDGsの全ての目標に影響を及ぼしている深刻さと規模を明らかにしています。つまり、SDGsの2030年までの達成は非常に厳しい、と全体としては評価しています。

新型コロナウイルス感染症（COVID-19）・パンデミックの影響

　SDGs全体に大きな打撃を与えており、その影響が止むには程遠い状況といえます。COVID-19に直接的または間接的に起因した世界の「超

過死亡数（excess mortality）」は、2021年末までに1,500万人でした。貧困削減に向けた４年分以上の前進が帳消しとなり、2020年には世界で新たに9,300万人の人々が極度の貧困[20]（extreme poverty）に追いやられました。過去２年間では、１億4,700万人の子どもたちが対面授業の機会を半分以上失ったと推計されています。パンデミックは必要不可欠な保健サービスにも深刻な混乱をもたらし、SDGsゴール３（健康と福祉、図１参照）において苦労して実現した、前進の軌道から外れる（off-track）こととなりました。

気候緊急事態　　世界は気候変動による惨禍の瀬戸際にあります。2021年におけるエネルギー関連の二酸化炭素排出量は６％増加して過去最高水準に達し、パンデミック関連の減少分（主として2020年の経済縮小が要因）が完全に相殺されました[21]。気候変動による最悪の影響を回避するには、パリ協定を履行する必要があります。しかし、気候行動に対する各国の現在の自主的なコミットメント（NDC、後述）を足し合わせると、温室効果ガス排出量は今後10年間で14%近く増加してしまう見込みです。

ウクライナ戦争　　現代で最も大規模な難民危機の一つを引き起こしています。2022年５月時点で、１億人以上が強制的に故郷を追われました。食料、燃料、肥料の価格が高騰し、サプライチェーンと世界貿易がさらに混乱し、金融市場も混乱、世界の食料安全保障と援助の流れが脅かされています。ウクライナでの戦争と、パンデミックの新たな波が起きる可能性により、2022年の世界経済成長率予測は0.9ポイント引き下げられました。

脆弱な人々の状況　　脆弱な立場に置かれた国々と人口集団は、大きな影響を受けています。女性は失業の影響をより大きく受けた上、家庭

でのケア労働が増加しています。女性に対する暴力がパンデミックにより悪化しました。若者の失業率はパンデミック前より高い水準が続き、児童労働と児童婚が増加しています。後発開発途上国は、弱い経済成長、インフレ率の上昇、サプライチェーンの大規模な混乱、政策の不確実性と持続不可能な債務への対応に苦慮しています。

　顕著な事実と統計としては、

- 2022年には、パンデミック前の予測よりもさらに7,500万から9,500万多い人々が極度の貧困の中で暮らすことになるおそれがあります。
- 世界の約10人に 1 人が飢餓に苦しんでおり、ほぼ 3 人に 1 人が十分な食料を定期的に入手できていません。
- 予防接種率がこの10年で初めて低下し、結核とマラリアによる死者数が増加しました。
- 2020年には、世界における不安症とうつ病の患者数が推計で25%増加し、若者と女性が最も影響を受けました。
- 2021年には、推計1,700万トンのプラスチックが世界の海に流れ込み、海に流入するプラスチック汚染の量は2040年までにその 2 倍から 3 倍に増加すると予測されています。
- 就学前から大学レベルまでの学習者の約2,400万人が、復学できないリスクに直面しています。
- インターネット利用者数は、2019年の41億人から2021年の49億人へと、 7 億8,200万人増加しました。
- 低所得国の輸出に対する公的債務・公的保証債務返済総額の比率は、2011年の平均3.1%から2020年の8.8%へと上昇しました。

東南アジア──『アジア太平洋SDGs進捗度レポート[22]』

　アジア太平洋地域の進捗度を評価した本レポートの冒頭では、SDGs
達成までの予測期間が年々長くなっていると指摘されています。2017年
（達成度4.4%）では2052年達成予測、2019年（達成度9%）では2057年、
2021年（達成度11.9%）では2065年、です。この傾向は他地域も同様で、
SDGsすなわち「2030アジェンダ」の2030年までの達成は、不可能であ
ろうと予測されています。遅行傾向の理由は、①気候変動の悪影響の高
まり、②コロナ・パンデミック、そして、現在では③ウクライナ戦争の
影響、であると思われます。

　本レポートでも述べられていますが、それでもSDGsの諸目標の達成
は重要です（他のSDGsレポートでも同様の記述が多いです）。すなわ
ち、コロナ・パンデミックおよび自然・人為災害のあとの我々にとっ
て、SDGsという枠組みは、復興に向けた最も包括的なロードマップを
提供してくれると考えられるから、です。

　ASEAN[23]（東南アジア）の2021年SDGs達成度総括表を見ると（図4
参照）、貧困（ゴール1）、産業・イノベーション（ゴール9）で比較的
高い達成度、ゴール2、3、7、10でほどほどの達成度であったことが
分かります（ゴール5、ジェンダー平等については、統計不足のため評
価が難しいです）。

　他方、ゴール13・気候変動対策では決定的に後退しており、ゴール12
の企業・消費者の省エネについてもかなり後退しています。また、後退
はしていないものの、質の高い教育（ゴール4）では、ほとんど進展が
見られません。教育の不平等指数の悪化と、若年層の知的能力が向上し
ていない点が懸念されます（各ターゲット・指標のギャップは、図5を
参照）。

図4　2021年における東南アジアのSDGs達成度総括表（ゴール1から17）

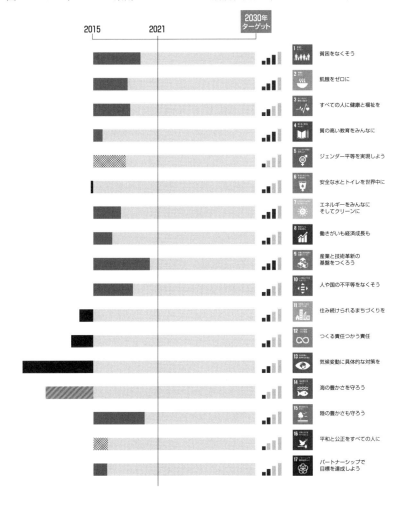

出所：ESCAP［2022］.

図 5　ASEANのSDGs達成度からのギャップ（左方向は後退、右方向は進展）

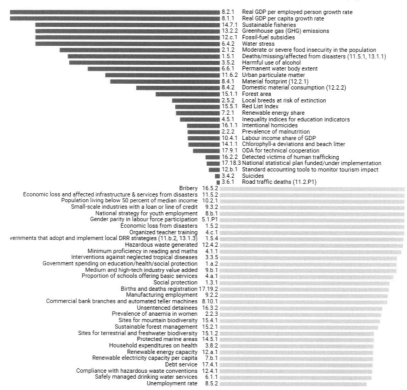

出所：Asia-Pacific SDG Partnership、SDG Progress Dashboardより筆者作成。
　　　https://sdgasiapacific.net/sdg-data/sdg-progress#、2022年 7 月31日アクセス。

第3章　コロナ・パンデミックと東南アジア

3-1　東南アジア各国のコロナ・パンデミック対策

　2020年から2021年末頃までの、東南アジア諸国（インドネシア、タイ、シンガポール、フィリピン）のコロナ・パンデミック対策を整理します[24]（表4参照）。

表4　現在（2022年7月31日）までの累積感染者数および死亡率

	感染者数	100万人当たり	死亡者数	100万人当たり	ワクチン 2回接種済
インドネシア	6,207,098	22,674.1	156,993	573.5	n.a.
タイ	4,592,284	64,137.1	31,404	438.6	74.3
フィリピン	3,776,627	33,163.1	60,727	533.3	n.a.
マレーシア	4,680,053	139,395.7	35,969	1,071.3	81.8
シンガポール	1,714,056	314,298.1	1,500	275.0	91.7
ベトナム	10,779,632	110,596.6	43,093	442.1	n.a.

出所：Our World in Dataより、筆者作成。
　　　https://ourworldindata.org/coronavirus　（2022年7月31日アクセス）

インドネシア

　2022年3月上旬より感染者が急増していきましたが、政権（ジョコ・ウィドド大統領）の対応は遅かったといえます。3月末になりようやく「公衆保健緊急事態」を宣言し、「大規模社会制限（PSBB[25]）」を実施しました。これは、欧米で実施されたような強制力を伴う都市封鎖ではなく、国民や企業に自主的な活動制限を要請する措置でした。PSBBは、

４月10日からジャカルタ州で、４月末までに西ジャワ、西スマトラなど四つの州と、ジャカルタ周辺などの12県・市で実施されました。しかし、大規模社会制限によって感染増加を抑えることはできませんでした。にもかかわらず、６月５日、政府はジャカルタでのPSBBの一部を解除し、段階的に経済社会活動を再開する方針を決定しました。年末まで、政権の経済優先のコロナ・パンデミック対策は続きました。６月以後も、大都市を中心に感染拡大に歯止めがかからず、PSBBの延長と強化が繰り返されました。2020年12月末までに、国内累計感染者数は74万5,081人、死者２万2,167人になりました。医療従事者（医師・看護師）が500人以上死亡するなど、医療体制の逼迫も見られました。東南アジア地域は比較的感染抑制に成功している中にあって、インドネシアの感染者数・死者数は最多であり、人口当たりでみてもフィリピンと並び、最悪レベルの状況でした。

　2021年１月から２月、感染者のピークがありました。緩やかなPSBBに代わり、より厳格な移動制限である「社会活動制限措置（PPKM[26]）」が導入され、２月下旬より感染者数は減少していきました。その後政府は経済再生に向けた取り組み（移動制限措置の緩和）に向かいますが、人的移動の抑制が懸念事項であり続けました。水際対策に問題があり、海外からの渡航者・帰国者の隔離期間が短すぎること、また、デルタ株が蔓延していた諸国からの入国制限を課すのが遅れました（インドからの入国制限は４月下旬に実施されました）。さらに、５月半ばのイスラーム断食明け大祭（レバラン）の帰省を禁止しましたが、実効性が低かったといえます。ジャカルタ州政府の発表によると、帰省禁止期間に約260万人が帰省しました。デルタ株は６月中旬から急増しはじめました。７月３日、都市封鎖レベルの移動制限措置として「緊急社会活動制

限措置（PPKM Darurat）」が、ジャワ島とバリ島で発令されました。その間、実質的な医療崩壊が起きました。6 月から 8 月で、769 人の医療従事者が死亡、確認されているだけでも 3,015 人の患者が自宅隔離中など病院外で死亡しました。7 月中旬から下旬のピーク時には、政府発表で 1 日当たり 5 万 6 千人の新規感染者および 2,000 人の死亡者であり、世界最多を記録しました。検査率の低さ、貧弱な接触追跡体制、そして地方政府による感染者数の改ざんが行われた事例を考慮すると、実態としてはより多くの感染者・死亡者が出ていた可能性があります。ワクチン接種率が向上するに従い、感染爆発は 9 月下旬には収束しました。2021 年 12 月末までに、政府発表では累計 426 万 2,720 人の感染者、14 万 4,094 人の死者でした。

　ワクチン接種は、2021 年 1 月 13 日、大統領が接種第 1 号となり開始されました。しかし、ジャカルタなど都市部、パイロット地域として接種が先行したバリ島を除き、接種率は全国的に伸び悩みました。その理由は、①離島・山間部などインフラ不足の地域への配送困難問題、②ワクチン・ギャップ（ワクチンの南北間格差[27]）による供給不足、③ワクチン忌避です。②に関して、当初政府は主として中国からワクチンを調達しようと考えていましたが、計約 4.16 億回分（人口の 2 倍回）の巨大なワクチン需要を満たすには不十分でした。そこでジョコウィ大統領は、G20 首脳会談などで先進国に対し要請、また COVAX[28] ファシリティを通じた調達を行いました。結果、2021 年 12 月までに接種された約 2.7 億回分のワクチンのうち、6 割がシノバック・バイオテック社などの中国製ワクチン、20.15％が COVAX から受領したものでした。③については、高齢者の間でワクチン忌避が強かったといえます。13 の州において高齢者の 60％以上が未接種でした。また、厳格なイスラームの教義上の立場

からのワクチン忌避も見られました。12月末、1回目77.34％、2回目54.58％の接種率でした。

タイ

　タイの対策は、第1波の感染者・死亡者の少なさにおいて、アジア諸国の中でも際立った成功例とされます。2020年3月25日、国内累計感染者数が千人を超えたタイミングで、非常事態宣言を発出しました。当初3月26日から4月30日の期間限定で実施されましたが、その後もほぼ1カ月ごとの延長・更新を繰り返しました。具体的には、3月26日より民間施設の営業禁止（一部指定業種除く）、4月3日より夜間外出禁止（22時〜4時）が出されました。その後、生活に必要な商業施設（市場・飲食店）の営業再開（5月3日より）、夜間外出禁止解除（6月15日より）がなされました。2020年12月末時点で、累計感染者6,884人、死亡者61人でした。

　2020年12月頃から発生した第2波は、他国と比べ小規模に抑え込めました。政府はリスクに応じて各都県を五つに分類し、最もリスクの高い「最高度・厳戒管理地域（ダークレッドゾーン）」を中心に、行動制限を敷きました。2021年3月末から、バンコクと近郊で感染増加が始まり、4月10日、政府・CCSA（新型コロナウイルス感染症問題解決センター[29]）は第3波の発生を公式に認めました。6月後半にはバンコクを中心に感染爆発が起こり、CCSAは7月10日に、10都県の夜間外出禁止、県境移動自粛要請、大型小売店舗の営業時間短縮を発令しました。以後バンコクは10月末まで、ダークレッドゾーンに指定された7県では11月末まで、都市封鎖が続きました。

シンガポール

　2020年1月より迅速な対応がとられました。これは、2003年に発生した重症急性呼吸器症候群（SARS）流行の経験を踏まえたもので、初期段階では感染抑制に成功しました。4月、市中感染の増加に加え、外国人労働者向け宿舎（密集して居住し、衛生的ではない）での感染爆発が発生しました。これに対し政府は、ロックダウンに近い措置や、外国人労働者向け対策を行い、6月上旬頃までに流行を抑制することができました。年末まで、入国制限を中心とする感染抑制策は続きました。

　2021年6月24日、政府はワクチン接種の広がりを受け、国内行動制限・入国制限緩和の方針を出します。ワクチン接種率（2回接種）は7月19日に50％、8月29日には80％に達しました。他方で、行動規制緩和により新規感染者も増え、9月18日には1日当たり千人、10月27日には5千人に達します。入国制限については、9月に「ワクチン接種済みトラベルレーン（VTL[30]）を導入し、11月末までに18カ国まで対象国が拡大しました。だが、12月にオミクロン変異株の流行が拡大し、VTLは一時停止しました。2022年に入り、流行の収まりとともに、VTLが再開されています（まず空路で、後に陸路で）。

フィリピン

　2020年3月8日、大統領はフィリピン全土に公衆衛生上の非常事態宣言を発出し、翌週、マニラ首都圏を対象とした隔離措置を発令しました。次いで、隣接地域から首都圏への通勤者が多く、地域間の移動を制限することも困難であることから、9日にはルソン島全土の広域隔離（ECQ、表5参照）を発令しました。5月1日以降、感染率の低い地域で隔離措置レベルが引き下げられていきました。一方、マニラ首都圏は

6月1日に緩和されるまでの約2カ月半、人の移動や企業活動を厳しく
制限する隔離措置が実施されました。フィリピン国内の感染者数で約半
分を占めるマニラ首都圏では、2020年末まで緩やかな隔離措置が続きま
した。ECQとMECQでは人々の外出や自治体間の移動が厳しく制限さ
れ、外出は食料品・生活必需品の買い物に限られ、学校は休校、公共交
通機関は原則停止されました。

表5　フィリピンの隔離措置の分類

高リスク	ECQ	Enhanced Community Quarantine 強化された
	MECQ	Modified Enhanced Community Quarantine、修正を加え強化された
中リスク	GCQ	General Community Quarantine 一般的な
低リスク	MGCQ	Modified General Community Quarantine 修正を加えた、一般的な
（ニューノーマル）	（隔離措置の対象外）	

注：基準は、(1) 直近2週間における単位人口当たり新規感染者数、(2) 直近2週間の
　　新規感染者数をその前の2週間の新規感染者数と比べた場合の伸び率。
出所：各種報道より筆者作成。

　2021年初め、マニラ首都圏と一部地域にGCQが引き続き施行される
中、1日当たり感染者数は1千〜3千人で推移していましたが、3月初
旬から増加傾向となり、下旬には1日当たり8千人を超えました。病床
使用率が逼迫したため、3月29日には、マニラ首都圏と近隣州（カビテ、
ラグナ、リサール、ブラカン）に対し、ECQへと引き上げました。4
月12日にMECQへ引き下げられますが、その後7月下旬に約2週間
ECQに引き上げるなど、感染抑制のための隔離措置厳格化が続きまし
た。9月中旬、感染状況・病床使用率・ICU使用率に対応する5段階の
隔離措置基準「アラートレベルシステム」が導入されました。9月中旬、

　1日当たり感染者が2万人を超え、マニラ首都圏ではレベル4（2番目
に厳しい）が発令、10月中旬にはレベル3に引き下げられました（1日
当たり5千人）。11月にはレベル2に引き下げられ（1日当たり2千
人）、2021年末まで続きました。

　ワクチン接種は2021年3月1日から開始されました。2021年末までに
国民の7割の少なくとも1回接種を目指していましたが、進捗が思わし
くないことから、5割に目標を下げました。その理由は、ワクチン供給
の遅れ、行政のワクチン接種体制整備の遅れ、人々のワクチン忌避（不
信感）であると指摘されています。2回の政府主導のワクチン接種キャ
ンペーンを経た結果、2021年末までに1回接種者は国民の5割、2回接
種者は4割となりました。

東南アジアのコロナ・パンデミック

　表2と表4を比較すると、東南アジア諸国は、欧米やラテンアメリカ
に比べて、死亡者を少なく抑えることができたといえます。感染者が拡
大するにつれ医療体制の不足が深刻になる局面はありましたが、主たる
問題は、都市封鎖（ロックダウン）、移動規制（国内および国外から）
に伴う、低所得者の雇用問題、第3次産業における需要収縮・雇用問題
でした。全国民に現金給付を行った国（シンガポール）もありますが、
低所得者向け現金給付を行った国が多いです（マレーシア、タイ、イン
ドネシア、フィリピン、ベトナムなど）。さらに、中小企業向け補助金、
金利補助・信用保証、雇用助成金は、ほとんどの国で実施されました
（表6参照）。

表6 コロナ・パンデミック対応の財政措置
（2020年1月～2021年9月、10億米ドル・2020年GDP比）

	10億米ドル								2020年GDP比							
	Above the line措置				流動性支援				Above the line措置				流動性支援			
	追加的な支出あるいは放棄された収入			支出増加/収益繰延	計	Below the line措置	偶発債務		追加的な支出あるいは放棄された収入			支出増加/収益繰延	計	Below the line措置	偶発債務	
	計	医療部門	非医療部門				保証	準財政支出	計	医療部門	非医療部門				保証	準財政支出
EU	488	0	488		873		799	74	3.8	0.0	3.8		6.7		6.1	0.6
日本	844	105	739	27	1429		147	1282	16.7	2.1	14.6	0.5	28.3		2.9	25.4
韓国	105	12	93	28	166		60	106	6.4	0.7	5.7	1.7	10.1		3.7	6.5
イギリス	522	131	391	16	453	1	452		19.3	4.8	14.4	0.6	16.7	0.0	16.7	
アメリカ	5,328	687	4,641	18	510	56	454		25.5	3.3	22.2	0.1	2.4	0.3	2.2	
中国	711	21	689	232	193		58	135	4.8	0.1	4.6	1.6	1.3		0.4	0.9
インド	109	14	95	18	166	9	141	16	4.1	0.5	3.6	0.7	6.2	0.3	5.3	0.6
インドネシア	99	22	77		9	2	7		9.3	2.0	7.3		0.9	0.2	0.6	
シンガポール	62.5	13.5	49.1		15.9	15.9			18.4	4.0	14.4		4.7	4.7		
マレーシア	21.0	0.8	20.2	0.0	11.9	0.0	11.9		6.2	0.2	6.0	0.0	3.5	0.0	3.5	
フィリピン	16.1	3.3	12.8		2.1	0.1	2.0		4.5	0.9	3.5		0.6	0.0	0.6	
タイ	73.2				21.3	2.9	10.4	8.0	14.6				4.2	0.6	2.1	1.6
ベトナム	6.1	1.4	4.7	12.7	3.3	1.1		2.2	1.8	0.4	1.4	3.7	1.0	0.3		0.6
世界	10,793	1,451	9,255	775	6,117	376	4,046	1,695	10.2	1.4	8.6	0.6	6.2	0.4	4.1	1.6

出所：IMF, [2021.10] Fiscal Monitor Database of Country Fiscal Measures in Response to the COVID-19 Pandemic、より筆者作成。
https://www.imf.org/en/Topics/imf-and-covid19/Fiscal-Policies-Database-in-Response-to-COVID-19、2022年7月31日アクセス。
注：Above the line措置とは、費用が財政赤字、政府債務、短期的な借入ニーズの増加に反映されるものである。追加支出、資本助成金、対象を絞った移転や税制措置が含まれる。Below the line措置とは、株式注入、融資、資産購入またはデッドアサンプションなど、資産の創出を伴う措置。

　アジア開発銀行（ADB）の報告書によると[31]、コロナ・パンデミックにより、2021年に東南アジアでは470万人が極度の貧困（1日1.90ドル未満の支出、SDGsゴール1）に追い込まれ、930万人が職を失ったといいます。失業者が増え、不平等度が悪化し、貧困率が高くなりましたが、

特に女性や若年労働者、高齢者（脆弱な人々）の間で事態は深刻でした。同報告書では、2022年にオミクロン株（変異株）の蔓延が深刻化した場合に影響を受けるのは、未熟練労働者、小売り・インフォーマルセクターの労働者、デジタル化の遅れている中小企業の労働者、であると予測されています。一方で、世界的な傾向ですが、一次産品輸出は全般的資源高により伸びていることもあり、全世界の貿易額は2021年に過去最高でした（製造業製品輸出国、一次産品輸出国は経済が好調でした）。他方で、一次産品・製造業製品価格の上昇を契機とするインフレにさらされています。引き続き、産業の競争力と生産性を高める改革が必要となってきます。

第4章　気候変動対策の先鋭化

4 - 1　パリ協定とSDGs

　2015年12月、フランスが議長国を務めた国連気候変動枠組条約（UNFCCC：UN Framework Convention on Climate Change）の第21回締結国会議（COP：Conference of Parties）において、パリ協定が採択されました。産業革命以前と比較し、地球温暖化に起因する世界の平均気温の上昇幅を「2℃」より十分低く維持するため、世界全体の温室効果ガス（GHS：Green House Gas）の排出を、早期に増加から減少へと転じさせ、今世紀末（2100年）までに排出と吸収のバランスをとり、人間活動による排出をゼロ、つまりカーボンニュートラルにすることが、世界共通の目標となりました[32]。「2℃」がベースライン（最低限）の目標で、でき得れば「1.5℃」を目指すことも併記されました（後述）。パリ協定は、以前の国際条約と異なり、長期での温度目標や排出ゼロ目標が明記された、初めての国際条約です。

　同時期に採択されたSDGsにおいてパリ協定と直接関わるのは、ゴール13「気候変動に具体的な対策を」です。13.1は「気候関連災害や自然災害に関する強靭性（レジリエンス）[33]」であるので、13.2が気候変動対策を扱っています。すなわち、13.2は「気候変動対策を国別の政策・戦略計画に盛り込むこと」であり、中でも13.2.1では「NDC（各国の温室効果ガス削減に対する貢献[34]）増加、地球温暖化対策を国レベルの戦略に格上げしているかどうか」が問われています。SDGsにおいてはNDCの数値目標を掲げることはなかったのですが（数値の改善は促さ

れていた）、他方で、パリ協定およびその後の国際交渉の進展において、NDCの内容が固まっていきます。また、SDGsの包括性から、GHS削減に関する目標は、ゴール7「エネルギーをクリーンにかつみんなに」（脱石炭・石油、再生可能エネルギー促進）、ゴール12「つくる責任使う責任」（企業と消費者の省エネ化）なども、大いに関係しています。

　2018年10月、国連のIPCCが発表した『1.5℃特別報告書[35]』をきっかけに、地球温暖化・気候変動分野の国際的議論は、「2℃目標」から「1.5℃目標」へと、急速にシフトしました。この報告書では、気温上昇を1.5℃に抑えるためにはGHSを、2030年までに2010年比45％削減、2050年までに実質ゼロにする必要があることが、科学的知見として示されました[36]。

　さらに、2℃シナリオと比べ、1.5℃シナリオは、気候変動による影響を小さくできることも示されました。例えば、20年に1度の記録的熱波に見舞われる世界の人口は、2℃の場合28％、1.5℃では9％となります。洪水に見舞われるリスクも、2℃では現状の2.7倍ですが、1.5℃なら2倍に軽減されます。その他、世界の海面上昇、北極圏の海氷減少、サンゴ礁の白化、生物多様性の低下、漁獲量減少など、1.5℃シナリオには多様なリスク低減効果があることが、定量的に示されています。現在、気候変動問題における全てのSBT（science-based targets、科学的知見に基づいた削減目標）のベースとなるのが、この『1.5℃特別報告書』です。

　コロナ・パンデミックの影響で1年延期されたCOP26（2021年10～11月開催）において、グラスゴー気候合意が採択されました[37]。そこでは、1.5℃目標の重要性を「認識」すると決定され、「1.5℃目標」が事実上格上げされることになりました（図6参照）。

図 6　気候変動対策の現段階（2022年現在）

2015年　　パリ協定（2℃目標、1.5℃努力目標）

2018年　　『1.5℃報告書』「1.5℃シナリオ」が世界の共通目標に

「1.5℃シナリオ」
1.　2030年までに温室効果ガス（GHS）排出量を45％削減（2010年比）
2.　2050年までにGHS排出量を実質ゼロ

　　　↑

各国のNDC（Nationally Determined Contribution）

（国レベルの目標）

　　　　　↑　各自治体レベルの貢献（Contribution）

　　　　　↑　企業の貢献

　　　　　↑　消費者の貢献

出所：池原［2022］および清水［2022］を参照し、筆者作成。

　パリ協定には、5年サイクルで目標を引き上げていくグローバル・ストックテイクの仕組みがあります（第14条）。その評価結果を踏まえ、次のNDCを定め提出することが求められます（第4条）。次期の目標は前期を上回るものでなくてはならず、かつ可能な限り最も高いレベルが求められます（表7参照、2022年初の各国のNDC）。第1回のグローバル・ストックテイクは2023年に実施予定で、その結果を受け、2025年までに次期目標（2035年まで）を提出することが推奨されています。

表7　主要国のNDC

国・地域	2030年目標	2050ネットゼロ
日本	-46%（2013年度比）（さらに、50%の高みに向け、挑戦を続けていく）	表明済み
アルゼンチン	排出上限を年間3.49億t	表明済み
オーストラリア	-26 ～-28%（2005年比）-35%見通し	表明済み
ブラジル	-43%（2005年比）	表明済み
カナダ	-40 ～-45%（2005年比）	表明済み
中国	(1) CO_2排出量のピークを2030年より前にすることを目指す	CO_2排出2060年ネットゼロ
	(2) GDP当たりCO_2排出量を-65%以上（2005年比）	
仏・独・伊・EU	-55%以上（1990年比）	表明済み
インド	GDP当たり排出量を-33～-35%（2005年比）	2070年ネットゼロ
インドネシア	-29%（BAU比）（無条件）-41%（BAU比）（条件付）	2060年ネットゼロ
韓国	-40%（2018年比）	表明済み
メキシコ	-22%（BAU比）（無条件）-36%（BAU比）（条件付）	表明済み
ロシア	1990年排出量の70%（-30%）	2060年ネットゼロ
サウジアラビア	2.78億t削減（2019年比）	2060年ネットゼロ
南アフリカ	2026年～2030年の排出量を3.5～4.2億tに	表明済み
トルコ	最大-21%（BAU比）	―
英国	-68%以上（1990年比）	表明済み
米国	-50～-52%（2005年比）	表明済み

注：「BAU比」とは、特段の対策を取らなかったケース（business as usual）と比較した場合の効果のこと。
出所：日本の排出削減目標（令和4年1月11日）（2022年7月31日アクセス）
　　　https://www.mofa.go.jp/mofaj/ic/ch/page1w_000121.html

4-2　開発と環境との対立から持続可能な発展へ

　パリ協定に至るまでの、持続可能な発展という概念が発展途上国においても常識化する過程を、簡単に振り返ります。

　環境問題が注目されるようになった1970年代前半には、開発と環境を対立的に見ることが一般的でした。1972年、国連人間環境会議「人間環境宣言」では、開発と環境を対立的に見つつも、途上国では開発を重視すべきと表明しています（「環境問題の大部分が低開発から生じている」）。1980年代にこの考え方が変化し、1987年に国連に設置された「環境と開発に関する世界委員会」が、「持続可能な開発」の概念を提唱しました。ここでの「持続可能な開発」とは、「将来の世代が自らの欲求を充足する能力を損なうことなく、今日の欲求を満たすこと」です（これはSDGsまで続く概念です）。特に発展途上国が、開発のために環境を悪化させ（途上国の産業は農業など自然環境に依存しているため）、かえって貧困を深刻化してしまうという、「環境と貧困の悪循環」を脱すること（開発課題としての環境）に注目が集まりました。さらに、GHSなど将来世代に影響を与える地球環境問題への対処（地球規模での持続可能性）にも言及されました。

　1992年、「環境と開発に関する国連会議」（リオ、地球サミット）において、「環境と開発に関する宣言」が発表され、環境と開発の持続可能性を目指すことが明記されました。その後2000年、MDGsにおいて「環境の持続可能性の確保」が入ります（ゴール7）。

図7　クズネッツ曲線と環境クズネッツ曲線

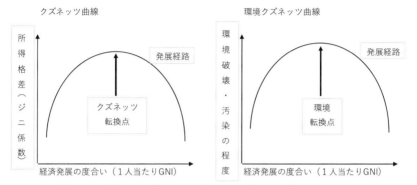

クズネッツ曲線

所得格差（ジニ係数）

発展経路

クズネッツ転換点

経済発展の度合い（1人当たりGNI）

環境クズネッツ曲線

環境破壊・汚染の程度

発展経路

環境転換点

経済発展の度合い（1人当たりGNI）

注：ジニ係数とは、所得の不平等度を測る指標。0（完全平等）から1（1人が所得を独占、完全不平等）までの値をとる。
出所：遠藤・伊藤・大泉・後藤編［2018：235, 260］を一部改変。

　環境経済学分野でたびたび言及される概念に、経済成長と環境汚染との間に逆U字の関係がある、という環境クズネッツ曲線[38]があります（図7参照）。これを前提にすると、貧困が環境問題をもたらしており、所得の向上がまず重要だ、と主張されがちでした。クズネッツ曲線は、所得分配の不平等度と経済成長の進展に逆U字の関係がある（経済発展の初期は不平等度が上がっていくが、転換点を越えると下がる）、という経済学者クズネッツによる仮説です。それを環境分野に応用したのが、環境クズネッツ曲線です。

　クズネッツ仮説を計量経済学的に検証した研究は多数ありますが、あまり仮説の当てはまりは良くありません。また、環境クズネッツ曲線についても、二酸化硫黄（SO_2）などの地域的な環境汚染源（酸性雨）については仮説が当てはまるが、CO_2増加などのグローバルかつ直接に実感できないような環境汚染源に関しては、相対的にGDPが高くても排

出抑制効果は働きづらいと指摘されています[39]。また、転換点をより早い時期に迎える、あるいは、曲線自体を下方シフトすべきとの主張もあります。さらに、公害防止には追加投資が必要です。なぜなら、多くの開発途上国では負の外部性を内部化できていないからです（環境規制、補助金、技術が不十分なため）。よって、環境指標の悪化を社会的に最適な選択結果であると見ることはできません。経済成長だけを推進し、環境汚染を放置することはもはや許されません。その際、発展途上国自身の資金が足りないのであれば、先進国・国際援助機関による資金・技術援助により、環境指標の悪化を食い止めるべき、というのが現在の国際的コンセンサスになっているといえます。

　発展途上国は今まで、地球環境の悪化に対する主要な責任は先進国にあり（産業革命以後の歴史）、発展途上国が環境問題に取り組むには追加的な資金が必要、と主張してきました。先述、1992年の宣言における原則7には「地球環境の悪化に対する異なる寄与の程度に鑑み、国家は共通であるが異なる責任を有する」とあります。これは、「共通であるが差異のある責任」原則と呼ばれ、後々まで国際交渉における課題となりました。つまり、新興工業国（中国、インド、ブラジルなど）を含めた開発途上国が、環境対策負担を緩和する理屈に使われてきました。1997年の京都議定書では、先進国のみにGHSの削減義務（EU15カ国8％、米7％、日本・カナダ6％削減（米・加はその後離脱））を課しました。しかし、2000年代に入ると、新興工業国のGHS排出量が急速に高まり、世界全体でGHS排出量を抑えるためには、「差異原則」の見直しが急務となります[40]。

　2015年のパリ協定の新しさは、原則的に全ての国に共通のルールを適用することにあります。先進国と途上国を分けていた京都議定書と比べ

ると、歴史的な大転換といえましょう。ただし、途上国には能力の違い
を考慮し柔軟性を持たせたルールを残しました（第13条「透明性」）。

　途上国にも先進国と同様の「野心的（ambitious）」なNDC計画を立
てることが求められます。しかし、途上国が行う緩和および適応[41]には、
先進国が資金支援を行うことが義務となりました（第 9 条）。資金支援
状況についても、2020年から 2 年ごとに報告する義務があります。ま
た、COP21における決定では、年間1,000億ドル（2022年 7 月31日の為
替レートで14兆円弱）の支援を行うという目標を、2020年以降2025年ま
で継続し、年間1,000億ドルを下限とするさらなる資金目標を2025年ま
でに設定すること、が求められています。

4 - 3　気候変動対策の先鋭化が東南アジアに与える影響

　コロナ・パンデミックのロックダウンや経済減速のためGHS排出量
が減少した（2020年）との報道もありましたが、アフター・コロナの経
済回復過程に入った2021年における気候変動・環境負荷は、以前と比べ
減るどころか、過去最高を記録しました[42]（前述）。「1.5℃」シナリオに
向けての努力は、今や途上国にも共通して求められる責務です。

　東南アジアにおいては、発電分野（石炭・石油発電から再生可能エネ
ルギーへ）、森林・海洋環境（両者ともに、GHS吸収要因としてNDCに
算入しうる）、農業・畜産、交通分野（内燃機関自動車からEV等へ、航
空の再生可能エネルギー化）、等が各国のNDC計画において焦点となる
でしょう。

EUの炭素国境調整措置

　GHS削減にはカーボンプライシング、すなわち炭素に価格付けを行う

ことが有効です。経済学的には、CO_2排出量当たりの価格が低すぎる（気候変動による被害を含めたコストが反映されていない）ため、排出削減が止まらないという現状があります。そこで、そういった「外部（不）経済（externality）」を内部化するため、炭素（二酸化炭素）の排出量に応じて課金する、カーボンプライシングが考えられました。その代表例が、炭素税です。また、もう一つの方法が、企業などが排出できるCO_2の上限を排出枠のかたちで定めておいて、排出枠を購入・販売できるようにする、排出権取引があります。

　カーボンプライシングの分野で今後ますます重要性を増すと思われるのが、EUで策定されつつある、炭素国境調整措置です。2019年12月、EUが発表した「欧州グリーンニューディール（EU Green Deal）」は、2050年にGHS排出ゼロ（気候中立）を目指すというのが主題ですが、コロナ・パンデミックを受け、アフター・コロナの成長戦略すなわちグリーン・リカバリーの基礎とする、とEU加盟国間で合意されました。2021年7月、欧州グリーンニューディールの一環として、炭素国境調整措置案が発表されました。すでに欧州諸国では、排出権取引制度（EU-ETS、Emissions Trading System）と炭素税が導入されていました。それらを踏まえ、域外からの輸入品に対して、その製品の製造・生産に伴うGHS排出量に応じ国境炭素税を課す、あるいは、域内からの輸出時には炭素税を減免する（域外輸出国側で炭素税が課されている場合は、その金額を減免し、二重課税を防ぐ）、という制度です。

　ＥＵは2026年1月からの導入を計画しています。課税対象となる排出量としては、製品製造時の直接排出（スコープ1）が該当しますが、間接的な排出量（スコープ2、3）まで対象に含めるかどうか検討しています[43]。

　EUは、国境炭素調整措置により年間100億ユーロの税収を見込んでおり、グリーン・リカバリーの財源に充てる方針です[44]（EU復興基金財源における発行済の共同債の返済資金として）。

　炭素国境調整措置が示唆するものは、極めて大きいと思います。スコープ１までなら自社の努力でどうにかなりますが、スコープ２であればその国の特に電力の脱炭素度が反映されます。さらにスコープ３まで反映するとすれば、グローバル化したサプライチェーンからのさまざまな影響を受けることになります。東南アジア諸国にとっては、現在も欧州諸国は重要な市場であるため、すぐさまこのような措置は、欧州向け輸出に影響を与えるでしょう。さらに、気候変動対策先進地域のEUの基準は、時間差はあれ世界的な標準となっていくと思われます。次で述べるESG投資に伴う「非財務情報」開示基準についても、GHSプロトコルと同様に、サプライチェーン全体での評価をすべきというニーズを受けた情報公開基準が、国際的に定まりつつあります。

ESG投資と「非財務情報」開示基準

　企業がGHS排出削減目標を立てるとき、外部からの高い評価につなげたいと考える場合、SBT（科学的知見に基づいた削減目標）が有益です。SBTイニシアティブは、国連グローバルコンパクトを中心に創設された国際イニシアティブです[45]。SBT作成のためのマニュアル、ガイドライン、クライテリア、ツールを提供しており、2015年からは、企業が立てた目標を審査する承認プロセスを開始しました。多くの参加企業は2030年を目標年に削減目標を立てています。2019年10月、「1.5℃目標」が国際的に浸透するのと合わせ、企業に求める排出削減目標のクライテリアを引き上げました。

　ESG投資とは、企業の環境（Environment）、社会（Social）、ガバナンス（Governance）の各分野における非財務情報（ESG情報）を重視して投資を行うことです。将来の財務要因として企業価値に影響を与える可能性がある、非財務情報が重要です。中でも、気候変動対策に関する情報は、最も重視されるESG情報と言っても過言ではありません。その他、ESG情報には、企業のSDGsへの取り組み度と容易に読み替え得る情報が詰まっています。

　2015年11月、G20（COP21パリ開催の直前）において、金融安定理事会（FSB、Financial Stability Board）に対し、金融部門がどのように気候関連リスクを考慮すべきか検討するよう指示され、TCFD（気候関連財務情報開示タスクフォース、Task Force on Climate-related Financial Disclosures）が組織されました。2017年6月、検討を経て、投資家と企業の間で気候変動による事業への影響やリスクを共有するための、企業による気候変動に関する財務情報開示指針を示しました。これが、TCFD提言です[46]。提言では、①ガバナンス、②戦略、③リスク管理、④指標と目標、という四つの中核要素に沿って、気候変動リスクや機会（チャンス）に関する情報を開示することを推奨しています。また、各社が、長期、中期、短期といった時間軸ごとに、物理的リスクや移行リスク[47]を踏まえた、シナリオ分析をすることを求めています。TCFD提言は主として、年間売上10億米ドル以上の大企業について報告を求めるという性格のもので、提言に賛同する企業は世界で2,627社にまで増加しています（2021年10月、日本からは542社）。

　そのほか、GRI（Global Reporting Initiative）によるGRIスタンダード、SASB（Sustainability Accounting Standards Board）によるSASBスタンダード、IIRC（International Integrated Reporting Council）に

よるIIRC報告フレームワーク、などがあります[48]。これら開示基準の設定機関同士は必ずしも対立しているのではなく、協調が行われています。例えば、2020年には、包括的な企業報告に向けた共同声明を公表し、各基準の開示要件に沿った開示をサポートする共通セット・ガイダンスを提供することの重要性や、IFRS（国際財務報告基準、International Financial Reporting Standards）等の会計基準との組み合わせの可能性について言及しています。IFRS財団側も2020年に、既存のESG情報開示基準を踏まえ、サステナビリティ報告に関する基準の開発に関する協議文書を公表しています。

　企業の気候変動対策、SDGsへの取り組みを「非財務情報」（ESG情報）として重視する流れが強まっています。これらESG開示基準に共通するのが、自社のみでなく、サプライチェーン全般にわたる、ESG情報を開示させるべきという方針です。近年、日本の中小企業でも、GRIスタンダードに準拠して情報開示を行うところが出てきました。発展途上国の中小企業に対しても同様に、ESG情報の開示が求められるようになっています。

　ESG投資が重視されるのは、発展途上国の企業にとってもチャンスです。途上国の企業であっても、ESG分野の取り組みが進んでいれば、まず国境措置が行われている市場への輸出が伸び、世界の企業はサプライチェーン全体でのESGの取り組みが求められていることからその企業からの調達を増やすでしょう。しかしながら、取り組みが遅れれば、市場から退出せざるを得ないかもしれません。

第5章　アフター・コロナの東南アジア

キャッチアップの停滞

　「中所得国の罠 middle-income trap」とは、労働集約的な産業に依拠してある水準までの１人当たり所得に到達した国が、先進国段階へと飛躍するためにより技術集約的で洗練された産業へと移行しようと努力しているが、それに困難を伴うことをいいます[49]。新興アジア諸国（＝中所得国）がこれからも成長を続けるには三つの転換、すなわち①多様化した生産・雇用体制から（規模の経済に依拠しつつ）特化した生産・雇用体制への転換、②投資重視からイノベーション重視への転換、③新技術に適応するスキルを持った労働者から新しい製品・工程を創り出す労働者への転換が必要、だとされています。

　表8において、2011年から2016年にかけての変化に着目すると、中国、ラオス、ベトナムの躍進の他は、目立つ変化はありません。このことは、マレーシア、タイ、インドネシア等の先進国へのキャッチアップ（＝先進国化）が遅れていることを意味しています。さらに、2020年、中国、台湾、ベトナム以外の国で、１人当たりGNIが低下しています。2021年に多くの国は上昇しますが、タイ、インドネシア、フィリピン、マレーシアは、停滞もしくは減少しています。このことは、これら諸国の先進国へのキャッチアップ（追いつき）、すなわち「中所得国の罠」からの脱却が、コロナ・パンデミック下でさらに停滞していることを意味します。特に、上位中所得国グループに入ってから長い時間が経っているマレーシアとタイについては、典型的な「中所得国の罠」に陥っている国

と捉えることができます。

表8　アジア諸国の1人当たり国民総所得（GNI）の推移
　　　（並び順は2021年1人当たりGNI、ドル）

国・地域	貸出先分類 （2023年 財政年度）	2021年	2020年	2019年	2016年	2011年	1995年
シンガポール	高所得国	64,010	55,010	58,060	51,880	48,150	23,610
香港	高所得国	54,450	48,560	50,480	43,240	35,690	23,570
日本	高所得国	42,620	40,810	42,010	38,000	46,880	42,130
韓国	高所得国	34,980	32,930	33,830	27,600	22,540	11,600
台湾	高所得国	33,780	29,202	26,561	23,047	20,909	12,648
中国	上位中所得国	11,890	10,530	10,310	8,260	5,060	540
マレーシア	上位中所得国	10,930	10,570	11,260	9,850	9,040	4,050
タイ	上位中所得国	7,260	7,070	7,260	5,640	4,950	2,740
インドネシア	下位中所得国	4,140	3,870	4,050	3,400	3,000	990
フィリピン	下位中所得国	3,640	3,430	3,850	3,580	2,620	1,020
ラオス	下位中所得国	2,520	2,490	2,540	2,150	1,120	350
ベトナム	下位中所得国	3,560	3,390	3,280	2,050	1,390	260
インド	下位中所得国	2,170	1,910	2,100	1,680	1,380	360

出所：World Bank, *World Development Indicators,* 2022およびADB, *Key Indicators 2021*
　　　を用いた。
　　　1人当たりGNI（名目、米ドル現在価格）は、世界銀行Atlas Methodによる統計。
注1：貸出先分類は世界銀行によるもの（1人当たりGNI、世界銀行Atlas Method）。
　　　下位中所得国：1,086～4,255ドル、上位中所得国：4,256～13,205ドル、高所得国：
　　　13,205ドル以上（2023年財政年度）。
　　　2021年の1人当たりGNIでの分類、2022年7月31日アクセス。
　　　https://datahelpdesk.worldbank.org/knowledgebase/articles/906519-world-bank-
　　　country-and-lending-groups
注2：台湾の数値は、名目1人当たりGNI。（世界銀行Atlas Methodではない）
　　　National Statistics, R.O.C. (Taiwan) (https://eng.stat.gov.tw/mp.asp?mp=5、
　　　2022年7月31日アクセス)

　「中所得国の罠」を打破するためには、産業の高度化（生産性向上）、知識集約産業化が欠かせません。研究開発（R&D、Research & Development）支出額・研究者数で見ると、ASEAN諸国の水準は（シンガポールを除き）、東アジア諸国と比べ低いです。これは、東アジア諸国では国内資本が工業化の主たる担い手であったのに対して、ASEAN諸国の工業化が外資系企業主導であったことにより、ASEAN諸国国内に知識・技術が蓄積しなかったためです。さらに、2000年代の資源ブーム（資源高）に対応して、資源国、特にマレーシアとインドネシアにおいて、資源集約型産業が発展したという側面もあります（インドネシアについては、脱工業化と評する研究もあります）。

　産業の高度化、知識集約産業化を進めるためには、生産・雇用におけるイノベーションの推進に加え、教育システムの高度化が求められます（労働集約産業で求められる基礎的学力から、新製品・新製造方法・新組織運営などのイノベーションを創発でき得るような、高度な人材の育成が求められます）。

　キャッチアップの過程では、現実問題としてGHS排出の増加傾向が続く、という側面もあります。需要の拡大に対応する電力を特に石炭火力発電に依存しているインドネシアが典型ですが、石油火力発電であっても、環境負荷は増加します。再生可能エネルギーを普及させる余裕は、ある程度の経済成長を達成したあとに出てくるという面もあるため、非常に難しい局面です。自動車のEV化が期待されるところですが、電力部門でのGHS削減がなされなければ、スコープ２を加味した排出量全体では、削減努力が足りないことになります[50]。

アフター・コロナの成長戦略

2020年11月のASEAN首脳会談において、「ASEAN包括的復興枠組（Comprehensive Recovery Framework、ACRF）」[51]が、コロナ・パンデミックからの復興の枠組みとして、採択されました。柱となるのは、①保健システム、②「人間の安全保障（Human Security）」強化、③広域経済統合、④デジタルトランスフォーメーション（DX）、⑤持続可能性（Sustainability）です。

SDGsと重なるのは、特に②と⑤です。「人間の安全保障」概念はもともと国連『人間開発報告』に取り入れられてきたものであり、特に脆弱な人々への社会的保護・社会福祉を強化すべきという方針です。また、⑤は持続可能な（再生可能）エネルギーへの移行を支援しようとするもので、ASEANレベルの国際協力が今後期待されます。

2021年11月のCOP26では、ADBがインドネシアおよびフィリピンにおけるETM（Energy Transition Mechanism、エネルギー移行メカニズム）を設立、石油・石炭発電廃止前倒しに向けたフィージビリティスタディおよび支援を表明しました。特にインドネシアの石炭火力発電割合は高く、世界的に石炭火力発電のフェーズアウト（段階的廃止）が進んでいる中、NDCへの貢献が非常に大きいといえます。

東南アジア諸国の産業政策においても、イノベーション、デジタル化（DX）、グリーン成長（気候変動対策に適応した経済成長）が目指されています。

台頭するデジタルプラットフォーマー

コロナ・パンデミック下で成長に弾みを付けたASEANにおけるデジタルプラットフォーマーの代表が、Grab[52]（シンガポール）とGoTo[53]（イ

ンドネシア）です[54]。Grabはマレーシアでライドシェア事業会社として創業し、のちにシンガポールに拠点を移し、2018年に米UberのASEAN地区事業を買収するなど、ASEAN地域に規模を急速に拡大しています。GoToは、インドネシアのライドシェア最大手のGojekと、EC（電子商取引）最大手のTokopediaが、2021年に合併して誕生しました。GrabはASEAN全域に展開しており、GoToはASEAN最大のインドネシア市場を中心に展開し、両者はインドネシア市場で激しく競争している現状です[55]。両社は、ライドシェア、EC（電子商取引）、金融等で先行している中国企業のノウハウを積極的に取り入れて展開しています。

　コロナ・パンデミック下で、ライドシェア事業は移動制限のため需要が減少しましたが、他方でフードデリバリーやECサービスを積極的に提供し、両社は人々の生活に欠かせない存在になりつつあります。アフター・コロナにおいて、スーパーアプリと呼ばれるスマートフォンを使ったサービス・プラットフォームと、膨大な顧客の利用情報および飲食店・商店の企業情報が蓄積されつつあり[56]、デジタル産業振興において、ASEANの両社が米中の先行企業並みに台頭する可能性は高い、と考えられます。

　また、これらデジタルプラットフォーマーは、外部からの莫大な資金調達が企業成長において欠かせないことから、事業の収益性（財務情報）だけでなく、ESG投資の要件（非財務情報）を満たすことも、外部の投資家から厳しく問われています。この点、ASEAN諸国の多くの企業は、銀行融資への依存率が高いことが指摘され続けてきましたが、そのような金融状況を変える起爆剤になるかもしれません。実際、GoTo（Gojek事業）は、2030年までに全車両（4、2輪車）を電動車とする方針を掲げています。充電インフラについても、国営企業と共同事業を進めると

表明しています。つまり、民間部門から脱炭素の動きが促されているといえます。また、両社は金融部門も運営しており（金融子会社を設立、あるいは既存銀行を買収）、ASEAN域内のデジタル分野のスタートアップへの出資・関与を深め、ASEASNにおけるデジタルハイテク分野の発展に寄与する可能性も高まっている、と考えられます。

SDGs時代の成長戦略

　ここまで述べてきたように、SDGs時代において重要なのは、①（まず喫緊の）気候変動への対策、②持続可能性を踏まえたサプライチェーンの構築、と整理できると思います。

　ESG投資の中でも近年、グリーン・ファイナンスが拡大しています。「1.5℃」目標を達成するためには、2050年までに100兆〜150兆ドルが必要と推計されており、アジアはそのうち55％です[57]。また、長期的にGHS排出削減に取り組む企業を支援する（脱酸素社会への）トランジション（移行）・ファイナンスも重視されるようになってきました。サプライチェーン全般でのGHS排出量を削減しようとするこれら新しい金融は、ESG投資情報を適切に提示し、企業活動全般においてGHS排出削減努力を行う企業にとって、非常に助けになるはずです。また、途上国の企業のような、現時点ではGHS排出量が多い技術を使用している場合、GHS排出削減量に「伸びしろ」があることになり、ファイナンスが得やすいという利点にもなり得ます。

　持続可能性についても、サプライチェーン全般として評価されるようになっています。例えば、インドネシアとマレーシアは、パームオイルの世界2大輸出国です。この分野ではRSPO（Roundtable on Sustainable Palm Oil[58]）認証がスタンダードになりつつあります。農地が森林伐採

された土地ではないか、労働者の人権などほかの持続可能性基準が守られているかなどを専門の監査会社が確認し、RSPO認証の使用を認める制度です。こういった、消費者側の、資源の持続可能性を高めようとする取り組みが多くあります。また、炭素に関しては前述の国境調整措置が挙げられますが、EU市場において持続可能性を重視した輸入制限措置は多く、国際的にもスタンダードになりつつあります。となれば、高い認証基準であったとしても、EUスタンダードに合わせていくことが途上国の企業が成長する最善策、と考えることができます。

おわりに

　2015年から現在までの大きな変化は、コロナ・パンデミックの影響、および気候変動対策の喫緊化・先鋭化でした。

　コロナ・パンデミックにより、貧困削減分野で大きな後退が見られました。特に、脆弱な人々（女性、子ども、高齢者、障がい者、移民・難民、インフォーマルセクター労働者）の状況が悪化しました。中でも女性の経済・社会状況が悪化しました。また、開発途上国の成長が鈍化し、「中所得国の罠」が悪化しました。東南アジア諸国はコロナ・パンデミック対策に苦闘しましたが、欧米・南米諸国に比べ被害を抑えることができました。だが、経済成長率は低下し、アフター・コロナにおいては、イノベーション促進、デジタル化（DX）、グリーン・リカバリーが求められています。

　SDGsの中でも、気候変動対策に大きな変化がありました。今や気候変動対策が待ったなしの状況であることを国際的に認識し、行動に移すべきとのコンセンサスが固まりました。中でも、特にヨーロッパ（EU）の政策が、世界を主導しています。それは今後、開発途上国（特に、東南アジア諸国）の経済政策に大きな影響を与えることになるでしょう。

＊

　本書は、SDGsの最近の展開を概観し、中でも貧困削減および気候変動対策に起こった大きな変化を描写しようと努めました。また、東南アジア諸国がどのようなコロナ対策を行い、その結果人々の生活にどのよ

うな影響をもたらしたのか、概観しました。日本の読者は、日本の状況は身をもって知っていても、他国でどのようなことが起こったのか、知らない人も多いと思うからです。

　SDGsは2030年までに達成できそうにありません。しかしながら、SDGsに掲げられている諸目標は、今後の世界および東南アジアにとって重要であるし、将来の成長性（ビジネスチャンス）を広げてくれる、と私は考えています。

注

1 以下では、MDGsおよびSDGsのgoals（目標）を、ゴールと表記する。

2 UN［2020］。

3 IPCC［2018.10］。

4 脆弱な人々への影響、ジェンダーの課題については、別稿を期したい。

5 本節では、後の議論に必要な範囲で、SDGsを整理する。SDGsの入門書としては、村上・渡辺［2019］、蟹江［2020］がある。

6 UN, The General Assembly［2015］（国連総会決議）。

7 蟹江［2020：9-32頁］参照。

8 日本政府は2021年6月にHLPFでVNRを発表した（前回、2017年）。SDGs推進本部［2021.6］参照。

9 最新版はUN［2022］。

10 UN［2022: 8］。

11 UN［2015］。

12 PPP（購買力平価、Purchasing Power Parity）。同一通貨で計った時に、消費財バスケットの価格が全ての国で等しくなるように決めた単位。ここではドル。

13 貧困人口比率を拡張する概念として、貧困ギャップ比率（貧困者の生活がより貧しくなった状況＝貧困の深さ poverty depthを示せる）、二重貧困ギャップ比率（経済成長の恩恵が、貧困層の中でも特に貧しい層に行き渡っているかどうか＝貧困の深刻さ poverty severityを示せる）がある。これらを統一的に理解できる指標は、Foster, Greer and Thoebecke［1984］で示されている。

14 国民総所得（Gross National Income, GNI）は、GDP（国内総生産）が「国内で1年間に生産されたモノやサービスの付加価値」であるのに対し、GNIは「居住者が国内外から1年間に得た所得の合計」を表す。後述するが、1人当たりGNIは、現在では各国の豊かさを比較する指標として用いられることが多い。

15 センは社会的選択理論（social choice theory）、現代正義論分野においても多大な貢献をしているが、本書では扱わない。

16 Sen［1999＝2000］参照。

17 勝間靖編著［2012］参照。

18 https://twitter.com/nobelprize

19 UN［2022］。

20 前述、「絶対的貧困（absolute poverty）」は、SDGsにおいては「極度の貧困（extreme poverty）」と呼ばれる。

21 2020年、都市封鎖（ロックダウン）等で経済成長率が低下したことでCO_2排出量が減少したが、2021年に激増し、最新の報告書では、温室効果ガス濃度・海面上昇・海水

温度の上昇・海洋酸性化という四つの主要な気候変動指標が2021年に観測史上最高値を更新した。WMO［2022］参照。

22　ESCAP［2022］。

23　ASEAN（東南アジア諸国連合、Association of Southeast Asian Nations）。東南アジア諸国は全てこの連合に所属している。

24　アジア経済研究所編［2019 ; 2020 ; 2021 ; 2022］参照。

25　PSBB : Pembatasan Sosial Berskala Besar

26　PPKM : Pemberlakuan Pembatasan Kegiatan Masyarakat

27　ワクチン・ギャップとは、外国に比べワクチンの入手性が低いこと。COVID-19対策ワクチンに関しては、先進的製薬企業が位置する先進国優先で接種が進んだ一方、発展途上国での接種が遅れた。この意味で、コロナ・パンデミックにおける南北格差（問題）が、今日のワクチン・ギャップの最たるものといえる。

28　COVAX（COVID-19 Vaccine Global Access）とは、ワクチンの開発と製造、診断法・治療法の開発を加速させ、全ての国の人々が迅速かつ公平にそれらにアクセスできるようにするための仕組み。Gaviアライアンス、WHO、CEPI（感染症流行対策イノベーション連合）が主導する「COVAXファシリティ、COVID-19 Vaccine Global Access Facility」は、世界の国々が共同でワクチンを確保・購入する枠組み。高所得国、高中所得国が資金を拠出して一定数の自国用ワクチンを購入する枠組みと、国や団体などからの拠出金により途上国へのワクチン供給をおこなう枠組みが組み合わされている。（https://www.unicef.or.jp/kinkyu/coronavirus/covax/、2022年7月30日アクセス）

29　CCSA : The Centre for COVID-19 Situation Administration

30　VTL : Vaccinated Travel Lane-Land

31　ADB［2022.3］。

32　パリ協定以前の国際交渉過程について、池原［2022］、小林・岩田・日経センター［2021］、参照。

33　仙台防災枠組（2015年）を基準としたターゲット・指標。

34　Nationally Determined Contribution（NDC）。パリ協定発効後（2016年）、INDC（Intended Nationally Determined Contribution、各国の貢献案）から、正式にNDCとなった。

35　IPCC［2018.10］

36　現在、気候変動問題における全てのSBT（science-based targets、科学的知見に沿った削減目標）のベースとなるのが、この『1.5℃報告書』である。

37　グラスゴー気候合意（Glasgow Climate Pact）。最大の争点となった石炭火力発電では、合意文書案の「段階的廃止（phase-out）」の表現に対し、インド、中国が反対し、「段階的に削減（phasedown）」と表現を弱めるかたちでの合意となった。なお、非効

率な化石燃料への補助金は「段階的に廃止（phase-out）」と明記された。

38　クズネッツ曲線は、所得分配の不平等度と経済成長の進展に逆U字の関係がある（経済発展の初期は不平等度が上がっていくが、転換点を越えると、下がっていく）、という経済学者クズネッツによる仮説である。

39　栗山・馬奈木［2020：250-2］。

40　京都議定書では、先進国自身の取り組み、先進国同士の取り組み（共同実施、排出権取引）に加え、クリーン開発メカニズム（Clean Development Mechanism、CDM）の枠組みが導入された。CDMは、先進国が開発途上国で資金や技術を提供し、温室効果ガスを削減するプロジェクトを実施した場合、その削減量の一部または全部を先進国の削減義務を満たすために使うことができる。だが、CDM投資は、地域的に偏在してしまった（特に対中国）。

41　気候変動対策には、大きく分けて緩和（mitigation）と適応（adaptation）がある。緩和とは、GHSの排出削減・吸収を行うことである（直接的対策）。適応とは、気候変動による悪影響への備えと、新しい（気候変動後の）気候条件に対応（適応）することである。

42　WMO［2022］参照。

43　WRI（World Resources Institute、世界資源研究所）およびWBCSD（World Business Council for Sustainable Development、持続可能な開発のための世界経済人会議）が策定したGHSプロトコルに基づく定義。GHSプロトコルは、企業の排出量算定に関する国際的な標準となっている。スコープ1は、自社の事業活動において直接生じるGHS排出である。スコープ2は、自社の事業活動において他社から供給を受けるエネルギーの製造時に生じる、間接的な排出である。スコープ3は、自社の事業範囲の上流および下流（即ち、自社以外のサプライチェーン全体）の排出量である。https://ghgprotocol.org/ 参照。

44　欧州復興回復ファシリティ（European Recovery and Resilience Facility）という資金援助メカニズムを創設し、EU加盟各国が策定する回復案に資金援助する。このメカニズムが発行する共同債の返済資金として、国境炭素調整措置による財源を充てる。

45　https://sciencebasedtargets.org/ 参照。

46　https://www.fsb-tcfd.org/ 参照。

47　気候変動対策における用語。物理的リスクとは、気候変動による直接的な物的・財務的リスクを指す。移行リスクとはより広い概念で、低・脱炭素社会に移行する場合の、法・規制、技術、市場、評判（レピュテーション）に関するリスクを指す。

48　藤野・大和［2021.1.12］参照。

49　石川［2018］参照。表5は、本論文の表を改変したものである。

50　現時点（2022年）の日本でも同様に、石炭発電への依存度が非常に高い。現状では、

たとえ日本でEVが普及しても、電力が再生可能エネルギーで供給されなければ、GHS排出量への寄与（NDC）は低いことになる（他方、EVの製造過程で生じるGHSの方が高い場合もある）。つまり、再生可能エネルギーのさらなる普及が、日本においても待たれる。

51 https://asean.org/book/asean-comprehensive-recovery-framework-implementation-plan/

52 Grab：https://www.grab.com/sg/

53 GoTo：https://www.gotocompany.com/

54 中野・鈴木［2022］参照。

55 航空業界において、エアアジア（マレーシア）がASEANのみならずアジア全域に子会社を設立することで展開しているのに対し、インドネシア最大の航空会社ライオンエアが、インドネシア市場中心に展開している状況と似ているかもしれない。

56 Grabは独自に詳細な地図を作成しており、それが企業競争上の強みになっている（中野・鈴木［2022］）。

57 清水［2022］。

58 https://rspo.org/

参考文献

アジア経済研究所編［2019；2020；2021；2022］『アジア動向年報』日本貿易振興機構アジア経済研究所。

池原庸介［2022］『最新 カーボンニュートラルの基本と動向がよ～くわかる本』秀和システム。

石川耕三［2018］「東南アジア経済は『中所得国の罠』を克服できるか」『格差で読み解くグローバル経済』（溝口由己編著、ミネルヴァ書房）、所収。

石川耕三［2023］「少子化する東南アジア」『少子化するアジア』（溝口由己編著、日本評論社）所収。

遠藤環・伊藤亜聖・大泉啓一郎・後藤健太編［2018］『現代アジア経済論』有斐閣。

SDGs推進本部（日本政府）［2021.6］『SDGsに関する自発的国家レビュー（VNR）の概要』（https://www.kantei.go.jp/jp/singi/sdgs/dai10/siryou1.pdf、2022年7月31日アクセス）

勝間靖編著［2012］『テキスト 国際開発論』ミネルヴァ書房。

蟹江憲史［2020］『SDGs（持続可能な開発目標）』中央公論新社（中公新書）。

熊谷章太郎［2022］「BCG（バイオ・循環型・グリーン）経済を推進するタイ」『環太平洋ビジネス情報RIM』22（85）、157-185頁。

栗木浩一・馬奈木俊介［2020］『環境経済学をつかむ［第4版］』有斐閣。

小林光・岩田一政・日本経済研究センター編著［2021］『カーボンニュートラルの経済学』日本経済新聞出版。

清水聡［2022］「気候変動問題に対処するファイナンスの課題とASEAN諸国の事例」『環太平洋ビジネス情報RIM』22（85）、103-156頁。

竹本和彦［2021.1］「コロナ対策とSDGs達成の取組」『SRIDジャーナル』国際開発研究者協会。

東大社研現代中国研究拠点編［2020］『コロナ以後の東アジア――変動の力学』東京大学出版会。

中野貴司・鈴木淳［2022］『東南アジア スタートアップ大躍進の秘密』日経BP・日本経済新聞出版（日経プレミアシリーズ）。

藤野大輝・大和敦［2021.1.12］「乱立するESG 情報の開示基準とその現状」『金融市場分析（ESG投資/SDGs）』大和総研。

村上芽・渡辺珠子［2019］『SDGs入門』日本経済新聞社。

南博・稲場雅紀［2020］『SDGs――危機の時代の羅針盤』岩波書店（岩波新書）。

Asian Development Bank（ADB）［2022.3］*Southeast Asia: Rising from The Pandemic,* ADB.

Economic and Social Commission for Asia and the Pacific（UN, ESCAP）［2022］*Asia and the Pacific SDG Progress Report 2022*.（https://www.unescap.org/kp/2022/asia-and-pacific-sdg-progress-report-2022、2022年7月31日アクセス）

James Foster, Joel Greer and Erik Thorbecke [1984] "A Class of Decomposable Poverty Measures", *Econometrica*, 52 (3), 761-766.

International Monetary Fund (IMF) [2022.4] *World Economic Outlook*.

Inter-governmental Panel on Climate Change (IPCC) [2018.10] *Global Warming of 1.5℃* （https://www.ipcc.ch/sr15/download/、2022年7月31日アクセス）

Sen, Amartya [1999=2000] *Development as Freedom*, Oxford University Press.（石塚雅彦訳『自由と経済開発』日本経済新聞出版。）

United Nations (UN) [2015] *The Millennium Development Goals Report 2015*.

UN, The General Assembly [2015] *Transforming our world: the 2030 Agenda for Sustainable Development*.

UN [2020] *The Sustainable Development Goals Report 2020*.

UN [2022] *The Sustainable Development Goals Report 2022*.

World Meteorological Organization (WMO), [2022] *State of the Global Climate 2021*.

■ 著者紹介

石川　耕三（いしかわ こうぞう）

1975年	東京都出身
1999年	早稲田大学政治経済学部政治学科卒業
1999～2001年	商工組合中央金庫（長野支店）勤務
2002～2004年	東京大学大学院経済学研究科修士課程修了
2004～2009年	東京大学大学院経済学研究科博士課程単位取得退学
2009～2014年	山口大学経済学部・大学院東アジア研究科、専任講師・准教授
2014～2020年	新潟大学経済学部准教授
2020年4月	新潟大学経済科学部准教授（現職）

［専門分野］　東南アジア経済論、開発経済学

［主要著作］　『アメリカ・モデルとグローバル化―Ⅲ』（2010年、昭和堂）、『眼鏡と希望』（2012年、東京大学社会科学研究所）、『世界経済とグローバル化』（2013年、学文社）、『格差で読み解くグローバル経済』（2018年、ミネルヴァ書房）、『少子化するアジア』（2023年、日本評論社）、（全て共著）。

ブックレット新潟大学79
アフター・コロナのSDGs（持続可能な開発目標）と東南アジア

2023（令和5）年3月31日　初版第1刷発行

編　者――新潟大学大学院現代社会文化研究科
　　　　　ブックレット新潟大学編集委員会
　　　　　jimugen@cc.niigata-u.ac.jp

著　者――石川　耕三

発行者――中川　史隆

発行所――新潟日報メディアネット

　【出版部】　〒950-1125　新潟市西区流通3-1-1
　TEL　025-383-8020　　FAX　025-383-8028
　https://www.niigata-mn.co.jp

印刷・製本――株式会社ウィザップ

©Kozo Ishikawa 2023, Printed in Japan　ISBN978-4-86132-825-1

「ブックレット新潟大学」刊行にあたって

　新潟大学大学院現代社会文化研究科は、さまざまな問題を現代という文脈の中で捉えなおすことを意味する「現代性」と、人間と人間、人間と自然が「共」に「生」きることを意味する「共生」、この二つを理念として掲げています。日本海側中央の政令指定都市新潟市に立地する本研究科は、東アジア、それを取り巻く環東アジア地域、さらには国際社会における「共生」に資する人材を育成するという重要な使命を担っています。

　現代社会文化研究科は、人文科学、社会科学、教育科学の幅広い専門分野の教員を擁する文系の総合型大学院です。その特徴を活かし、自分の専門領域の研究を第一義としながらも、既存の学問領域の枠にとらわれることなく学際的な見地からも研究に取り組み、学問的成果を上げてきました。

　現代社会・世界・地球環境はさまざまな課題をかかえています。環境破壊・地球温暖化現象、国家間の対立・紛争・テロ等、地球規模での解決困難な課題、少子高齢化、学校・教育問題、経済格差、AI等々の、社会生活・日常生活に関わる諸課題が山積しています。さらに、2020年に入り、新型コロナウイルス感染拡大が、国際社会、社会生活・日常生活のあらゆる領域に多大な影響を及ぼしています。本研究科の学問的営みは、これら「現代性」に関わる諸問題に向き合い、課題を発見・解決すると同時に、多様性を尊重し共に助け合いながら生きてゆく「共生」の精神に基づき、一人一人の可能性を引き出しつつ、真に豊かな人間社会を形成する可能性を追求してゆきます。

　「ブックレット新潟大学」は、現代社会文化研究科の研究成果の一端を社会に還元するため、2002年に刊行されました。高校生から社会人まで幅広く読んでいただけるよう、分かりやすく書かれています。このブックレットの刊行が、「現代性」と「共生」という研究科の理念を世界の人々と共有するための一助となることを心より願っています。

2020年11月

新潟大学大学院現代社会文化研究科
研究科長　堀　竜　一